DROIT INTERNATIONAL

~~~

DE L'EXTRADITION

PAR

Fernand de CARDAILLAC

Substitut du Procureur de la République.

Consensus populorum
lex naturæ putandus est.
(Cicéron.)

TARBES
ÉMILE CROHARÉ, IMPRIMEUR, PLACE MAUBOURGUET
—
1878

DROIT INTERNATIONAL

～～～

DE L'EXTRADITION

PAR

Fernand de CARDAILLAC

Substitut du Procureur de la République.

*Consensus populorum
lex naturæ putandus est.*
(Cicéron.)

～～～

TARBES

ÉMILE CROHARÉ, IMPRIMEUR, PLACE MAUBOURGUET

—

1878

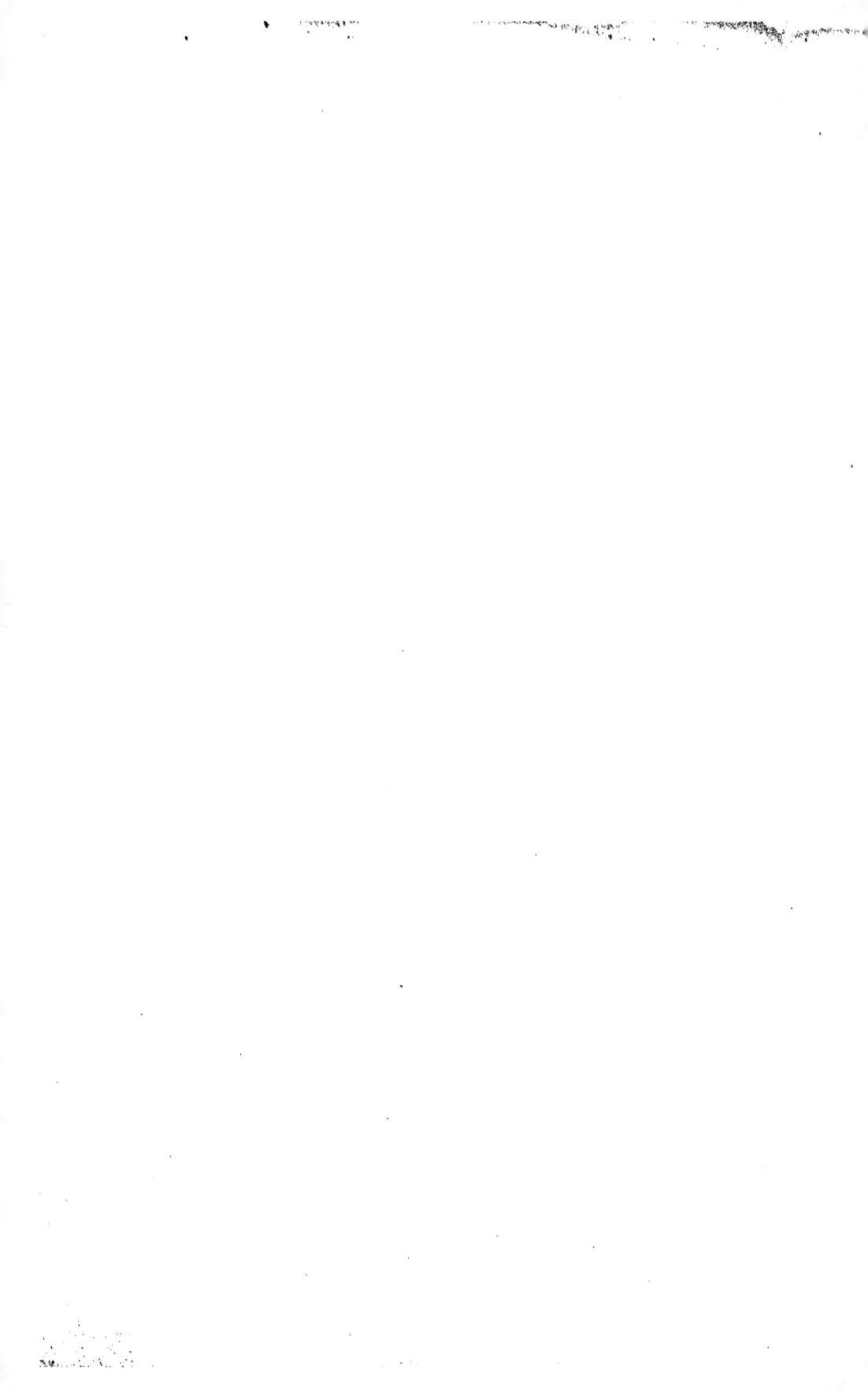

L'EXTRADITION

CHAPITRE Ier.

HISTORIQUE — LÉGITIMITÉ

I

Historique.

L'humanité, en avançant dans la grande voie de la civilisation , éprouve le besoin de perfectionner ses institutions ; aussi peut-on dire que la loi de progrès des institutions n'est autre que la loi de progrès de l'homme lui-même.

L'extradition a subi l'influence de cette loi commune ; nous la voyons lutter successivement soit avec le droit d'asile, soit avec le principe de la souveraineté. Les obstacles sont tombés par la force des choses et les exemples d'extradition sont allés se multipliant, jusqu'au jour où elle est passée définitivement dans le droit international moderne.

L'extradition est·le droit pour un Etat sur le territoire duquel un accusé ou un condamné s'est réfugié, de le livrer à un autre Etat qui le réclame et qui est compétent pour le juger et le punir.

Le droit d'Extradition est tout moderne : l'histoire n'en remonte pas plus haut qu'au milieu du siècle dernier.

Le mot *Extradition* lui-même est nouveau ; il ne se rencontre dans aucune des conventions passées par la France avant 1828. Dans divers traités du XIXe siècle, c'est l'expression *remettre* qui est employée ou *restituer*.

.L'expression latine correspondante *tradere* n'apparaît pas davantage dans les actes ou ouvrages écrits en latin durant les siècles précédents, c'est le mot *remittere* qui est employé.

Le décret du 19 février 1791 est le premier document officiel où se trouve le mot *Extradition*. (1)

Cette mesure a été fort lente à se généraliser, et ce n'est guère qu'au XVIIIe siècle que de nombreux traités sont venus en consacrer définitivement le principe et en régler l'application.

Ce n'est pas que l'idée fondamentale n'existât dans les temps les plus reculés. Ainsi dans les livres sacrés nous voyons les tribus d'Israël se réunissant en tumulte et sommant la tribu de Benjamin de livrer les hommes de Gabaa, qui s'y étaient réfugiés, après avoir commis un crime. Nous les voyons, bientôt, se rassemblant en armes et détruisant la tribu de Benjamin qui n'a pas voulu livrer les coupables habitants de Gabaa. (2)

---

(1) Billot. — Traité de l'Extradition, p. 54.
(2) Livre des juges LXX.

L'histoire sainte nous montre encore Samson livré par les Israélites aux Philistins qui leur faisaient la guerre.

Dans la Judée, Simon, frère de Jonathas, ayant renouvelé alliance avec Rome, ses envoyés déposèrent au Capitole un bouclier d'or; les Romains, en échange, accordèrent aux Juifs l'extradition des criminels dans tout leur empire. Tout israélite fugitif, saisi sur le territoire romain, devait être restitué à la justice de son pays. (1)

Dans l'histoire grecque, les Lacédémoniens déclarent la guerre aux Messéniens qui refusaient de leur remettre un meurtrier. Ce sont ensuite les Acléens qui menacent Sparte de la rupture d'une alliance s'ils n'obtiennent la remise de quelques-uns de ses citoyens qui ont attaqué un de leurs villages.

Dans l'histoire romaine, on cite l'exemple de Caton proposant de livrer César aux Germains, en raison de la guerre injuste qu'il leur avait faite. On rappelle encore la demande d'extradition formée par les Gaulois contre les Fabius qui les avaient attaqués; la demande d'extradition formée par les Romains contre Annibal.

Mais il n'y a dans ces faits isolés rien qui ressemble à l'exercice régulier d'un droit. La corruption, la violence, la menace étaient alors les moyens ordinaires d'obtenir l'extradition; de plus, ce n'était pas toujours au nom de la morale qu'elle était demandée.

C'étaient des réclamations isolées qui se produisaient au hasard des événements, et étaient suivies de peuple à

(1) Macc. L. LXV.

peuple comme tout autre différend international. Il ne
s'en dégage aucun principe, aucune pratique constante.
Les Etats, entre lesquels ont eu lieu les extraditions
isolées, dont l'histoire a gardé le souvenir, n'ont jamais
songé à en régulariser la situation.

Dans l'antiquité existait le droit d'asile rendant invio-
lable le coupable qui s'était réfugié dans les temples, au
pied des autels.

De nombreux abus se produisaient, et dans ces lieux
de refuge, établis pour les esclaves, les faibles et les
malheureux, on voyait fréquemment des malfaiteurs et
des assassins.

Le droit d'asile chez les anciens avait un caractère
essentiellement religieux et respectable ; c'était « un
droit d'appel à Dieu de la justice humaine, à l'auteur du
droit de l'abus que les hommes en font ». (1)

A Rome, ce droit d'asile était en grand honneur, surtout sous le règne des empereurs Théodore, Valentinien
et Léon. Ce dernier notamment, entraîné par sa ferveur
religieuse, donna une grande extension aux immunités
des églises. (2)

Devant les scandales qui se renouvelaient sans cesse,
Justinien dut modifier le droit d'asile, et par la Novelle
XVII (3) il fit chasser des temples et des églises les ravis-
seurs, les adultères et les assassins. C'était une première
brèche au principe du droit d'asile, principe qui resta
longtemps encore inébranlable.

(1) M. Wallon. — Du droit d'asile, p. 1.
(2) L. I. C. Théod. — *De his qui ad eccl. confug.*
(3) Novelle 17, cap. 7.

Ces exceptions si justes, faites par Justinien, furent supprimées dans notre ancien droit. A l'époque où la souveraineté politique, où le pouvoir social cédait le pas à la souveraineté religieuse, on vit Louis-le-Débonnaire n'admettre aucune limite, aucune restriction au droit d'asile dans les saints lieux. Dans cette période les évêques étaient les protecteurs des réfugiés, sur le sort desquels ils avaient le droit de prononcer.

Sous la loi romaine qui établissait une pénalité afflictive et dure, l'évêque s'interposait (1) entre le criminel qui entrait dans l'asile et son juge afin d'obtenir une diminution de peine, de lui éviter la mort, et quelquefois de solliciter sa grâce. (2)

A l'époque franque, la pénalité répressive des lois romaines est remplacée par la *Faida* des peuples germains, c'est-à-dire, la guerre de famille, héritage de vengeance se transmettant par succession ; cette vengeance pouvait se racheter au moyen des compositions soigneusement tarifées qui en étaient le prix. L'Eglise admit ce système barbare, mais en rendant les compositions plus fréquentes et les réglant. (3)

Ce fut assurément un bien que ce privilége accordé au clergé qui pouvait lutter contre les vexations de la noblesse et les injustices d'où qu'elles vinssent, mais c'était aussi un empiétement sur l'autorité judiciaire.

Quand par la suite la justice commença à reprendre ses droits, les priviléges de l'Eglise tombèrent et au

(1) *Intercessio episcopalis.*
(2) *Nolo mortem impii sed ut convertatur et vivat.* Esech. 33-2.
(3) M. Brouac de Vazelhes.

XIV° siècle il se produisit une réaction qui fit admettre de nombreuses exceptions au droit d'asile.

Henri IV sanctionna ces exceptions en 1542 en permettant d'arrêter les malfaiteurs dans les lieux d'asile.

« L'autel n'est pas fait, écrivait, plus tard Bossuet, pour servir de refuge aux assassins ; l'autorité royale se doit faire sentir aux méchants, quelques grands qu'ils soient. » (1)

Le moyen-âge ne fut pas plus favorable à l'extradition que l'antiquité ; mais c'était pour d'autres causes. L'antiquité avait connu l'asile religieux, mais non pas l'asile territorial fondé sur le principe de la souveraineté du territoire.

Ce nouveau droit d'asile attaché au territoire même prit d'abord naissance à côté de l'ancien principe des asiles religieux, grandit à mesure que celui-ci s'affaiblissait et finit par lui succéder entièrement.

La France le professa avec plus d'énergie qu'aucun autre pays ; mais peu à peu des rapports continus s'établirent et se développèrent entre les nations, le droit public tendit à se modifier et les gouvernements comprirent qu'ils trouvaient avantage à consentir aux autres Etats, en échange de concessions du même genre, la remise des criminels qui auraient cherché au delà des frontières une impunité préjudiciable à toute société civilisée.

Faustin Hélie cite comme première application de cette idée le traité passé le 4 mars 1376 entre Charles V, roi

(1) Bossuet. — Politique tirée de l'Ecriture sainte. l. IV, prop. 7.

de France, et le comte de Savoie pour l'extradition des malfaiteurs entre les deux pays. (1)

Même avant cette époque, par le traité de Paris conclu en 1303 entre l'Angleterre et la France, il fut convenu qu'aucun des deux souverains n'accorderait protection aux ennemis de l'autre : « *Item accorde est que l'un ne receptera, ne soustendra, ne confortera, ne·sera confort, ne ayde aus enemis de l'autre.* » (2)

On cite une lettre de Charles VI au roi d'Angleterre pour obtenir la remise de gens compromis dans les troubles civils. On rappelle encore une démarche de l'ambassadeur de la reine Elisabeth d'Angleterre auprès de la Cour de France pour réclamer la restitution d'un nommé Margan, accusé de haute trahison.

Un traité fut conclu le 23 février 1661 entre Charles II et le Danemark par lequel ce pays consentait à remettre au roi d'Angleterre les individus qui avaient été compromis dans le meurtre de Charles Ier.

Par un traité en date du 14 septembre 1662, la Hollande consentit à livrer à l'Angleterre quelques individus « exceptés du bill d'amnistie et toutes les autres personnes qui seraient réclamées par le gouvernement anglais ». (3)

Ce n'est qu'au XVIII° siècle qu'on voit des conventions internationales à cet égard se multiplier et prendre une réelle importance.

---

(1) Isambert : Collection des lois. V. p. 479.

(2) Fœlix. — Droit international, t. II., n° 331. — Clarke, 2° édition, p. 19.

(3) Clarke. — P. 20.

Par une déclaration rapportée dans une ordonnance du 17 août 1736, la France et les Pays-Bas se promettent réciproquement de faciliter la remise des malfaiteurs réfugiés d'un pays dans l'autre.

En 1759 un traité pour la remise réciproque de déserteurs et criminels, est signé entre la France et le Wurtemberg.

Dans la convention du 29 septembre 1765 et dans l'acte du 15 juillet 1787, la France stipule l'extradition des malfaiteurs, toujours à charge de réciprocité, avec l'Espagne, puis avec le Portugal.

Enfin nous passions avec la république Suisse le traité du 28 mai 1777 pour les criminels d'Etat, assassins et autres personnes reconnues coupables de délits publics. (1)

La cause vraie, générale de la rareté des cas d'extradition, c'est qu'un pareil principe ne pouvait exister au milieu de l'état d'isolement hostile dans lequel vivaient à cette époque les peuples entre eux. Pour le faire entrer dans les usages internationaux il n'a pas fallu moins que la solidarité morale qui relie les diverses nations modernes.

Pendant le moyen-âge et même après plusieurs siècles qui ont suivi, on peut dire que l'extradition n'a été qu'un fait accidentel. (2)

L'extradition n'avait donc pas la raison d'être qu'elle a eue plus tard lorsque la civilisation eut développé les

(1) Voir M. Bronac de Vazelhes.
(2) Villefort. — Traités d'extradition de la France avec les pays étrangers.

rapports internationaux et fait comprendre aux nations l'intérêt qu'elles avaient à s'unir pour la répression des crimes.

A notre époque, la France n'a pas seulement renouvelé les traités, qui avaient été signés précédemment, pour les rendre conformes au progrès du droit, elle s'est encore liée par de nouvelles conventions avec la plupart des nations civilisées : il n'y a guère, à l'heure actuelle, que la Russie et la Turquie avec lesquelles nous n'ayons pas de traité d'extradition.

Parmi les plus récentes conventions on peut citer celles qui ont été signées avec le Pérou le 30 septembre 1874, avec la Belgique le 15 août 1874, avec Monaco le 8 juillet 1876, avec l'Angleterre le 14 août 1876, enfin les récentes, avec le Danemark et avec l'Espagne le 14 décembre 1877, celle-ci rendue exécutoire par décret du du 6 juillet 1878.

L'extradition, comme on le voit, occupe une place de plus en plus importante dans le droit international. La nécessité de règles positives, devant consacrer les principes de ce droit, ressort aux yeux des législateurs de tous les pays ; et après la circulaire du garde des sceaux du 12 octobre 1875 nous avons tout lieu de croire que le législateur ne tardera pas à remplacer les circulaires ministérielles par une loi déjà sollicitée par le décret de 1791. (1)

_____

(1) M. de Vaz., p. 13.

II

Légitimité.

L'extradition est-elle légitime ? Je réponds affirmative-
ment, bien que l'on ait prétendu que l'extradition, salu-
taire dans ses résultats, était dans son essence contraire
aux principes. Et, voici comment on a raisonné. Un
gouvernement n'a de juridiction que sur son territoire
et, lorsqu'il s'agit d'étrangers, qu'à raison des faits
commis par eux sur ce territoire. Or, d'une part, le gouvernement, qui sollicite l'extradition, n'a plus d'action
sur le prévenu, puisque celui-ci se trouve hors de sa
juridiction, et d'autre part le gouvernement à qui elle est
demandée n'a pas davantage action sur le fugitif, puisque
les faits incriminés se sont passés hors de son territoire.
Ni l'un ni l'autre, par conséquent, n'a le droit de mettre
la main sur le prévenu. L'Etat sur lequel il s'est réfugié
peut bien l'expulser, mais non le livrer à l'Etat qui le
demande.

L'erreur de cette thèse vient de ce qu'elle pose comme
absolu un principe qui n'est vrai que relativement.

Sans doute la juridiction de chaque Etat s'arrête à la
frontière, mais par respect de la souveraineté de l'Etat
voisin et uniquement au regard de cette souveraineté.
Quant au criminel, il n'est point devenu innocent, il n'a
point payé sa dette en franchissant cette limite et la juri-

diction de l'Etat qu il a offensé conserve sur lui, à raisou du crime, un droit dont l'exercice peut être paralysé par le respect du territoire voisin, ou par toute autre exception, mais qui en lui-même est absolu.

Enfin « la justice humaine puise son principe et sa force dans la justice morale ; or les règles de cette justice ne s'arrêtent point aux limites qui séparent les peuples, elles dominent toutes les nations; les actions qui blessent la loi morale ont partout le même caractère ; les crimes communs sont des crimes partout (1). » Aussi chaque peuple doit son concours à l'ordre, à la justice, et la répression des crimes ne doit nullement être chose indifférente et stérile.

La solidarité qui lie tous les peuples dans un même intérêt est donc évidente. Et après cet intérêt, qué nous appellerons général, chaque pays a un intérêt direct et spécial à ce que les malfaiteurs étrangers ne puissent trouver un refuge contre la peine qui les poursuit. Ainsi il sera peut-être obligé de solliciter plus tard le service qu'on lui a rendu en livrant un criminel, et par une juste réciprocité les malfaiteurs, qui après avoir violé ses lois auraient su se soustraire à son empire, lui seront rendus.

La plus grande preuve de la légitimité de l'Extradition et de sa nécessité c'est son extension actuelle ; aussi peut-on dire avec Cicéron « *Consensus populorum lex naturæ putandus est* ».

« La persuasion de ne trouver aucun lieu sur la terre où le crime puisse demeurer impuni, dit Beccaria, serait le moyen le plus efficace de le prévenir.

---

(1) Faustin Hélie.

Il faut donc conclure que le pouvoir social dans le sein de chaque société a le droit de joindre son action à celle de la justice étrangère ; ce devoir lui est imposé par la loi morale et par l'intérêt de sa conservation. « L'Extradition est un grand principe de solidarité et de garantie entre les gouvernements et les peuples contre l'ubiquité du mal. C'est la protection que ces gouvernements civilisés s'assurent réciproquement contre les malfaiteurs et les criminels. » (1)

Quelques auteurs ont bien proposé malgré la justice et l'utilité de l'Extradition de la remplacer en étendant la justice nationale à toutes les infractions commises à l'étranger même par des étrangers (2) ; mais ce système, que n'accepteraient jamais certains pays comme l'Angleterre, par suite d'une répugnance invincible pour la juridiction extra-territoriale, serait injuste et ne serait nullement pratique, car l'accusé ne pourrait que difficilement se défendre, et les témoins auraient mille difficultés à se rendre en pays étranger. L'Extradition est le meilleur système dans l'intérêt de la justice et des peuples.

(1) Séance du Corps législatif du 28 février 1866.
(2) Voyez Clarke loc. cit., p. 13.

CHAPITRE II.

MOTIFS ET CAS D'EXTRADITION, DÉLITS POLITIQUES

I

Motifs et cas d'extradition.

L'extradition n'a lieu que pour des faits graves. Il faut, en effet, pour accorder l'extradition, un fait réprouvé par toutes les nations, blamé et puni non-seulement par les lois du pays, mais encore par la législation de tous les pays civilisés; il faut en un mot qu'il y ait la garantie d'un intérêt sérieux.

C'est ici surtout qu'apparaît l'extension donnée de nos jours à l'extradition. Ainsi, le traité conclu en 1843 avec l'Angleterre prévoyait trois faits susceptibles d'entraîner l'extradition : le meurtre, le faux et la banqueroute frauduleuse ; tandis que le traité signé avec cette puissance le 14 août 1876 comprend un très grand nombre de cas où l'extradition pourra avoir lieu : on y cite des crimes et des délits.

Cette extension ressort encore du rapprochement des deux traités faits avec la Belgique en 1869 et en 1874 ;

elle est non moins remarquable dans le dernier traité franco-espagnol de 1878.

En présence des développements opérés en cette matière, il y a lieu de se demander quelles sont les limites vraies du droit d'extradition. Elles varient suivant les rapports qui unissent entre elles les puissances qui signent un traité ; mais, pour mettre en mouvement la diplomatie de deux Etats, il faudra nécessairement un intérêt sérieux.

Pour les crimes, il n'y a pas de doute possible, l'extradition sera toujours accordée, parce que l'assassinat et le viol sont des crimes aussi bien en France qu'en Belgique ou en Angleterre ; mais que décider pour les délits ?

Certains auteurs admettent que l'expatriation, la privation de la famille et la perte des avantages garantis au citoyen sont au point de vue de l'ordre général des sociétés une expiation suffisante. Pour les délits, dit Legraverend (1) de quelque nature qu'ils soient, ils ne pourraient donner lieu à l'emploi de cette mesure.

Cette règle est trop absolue ; d'autres auteurs pensent, et d'après nous avec juste raison, qu'il n'est pas difficile de rencontrer des espèces où des faits qualifiés *délits* portent une grave atteinte à la sécurité sociale ; dans bien des circonstances, le délit égale, dépasse même le crime ; et pour n'en citer qu'un exemple, n'a-t-on pas vu souvent plus de perversité dans l'escroquerie, l'abus de confiance, que dans certains vols qualifiés crimes par la loi ?

Le même fait punissable peut être qualifié crime dans

---

(1) Legraverend, p. 109.

un pays et délit dans un autre, aussi ne peut-on dire que l'extradition ne doit être obtenue qu'en matière de crimes ; bien plus, comme le dit M. Vazelhes, il est possible que la législation d'un pays ne contienne pas la division analogue à la division des infractions en crimes, délits et contraventions (1) qui est admise par notre code. S'il reste encore des difficultés sur ce point, elles disparaîtront peu à peu, car les rédacteurs des traités dirigent leurs efforts vers ce but : les derniers traités franco-belge et franco-espagnol en sont une éclatante preuve.

Ce dernier traité, après avoir énuméré dans l'article 2 les crimes et délits qui peuvent motiver l'extradition, ajoute : « L'Extradition aura lieu dans les cas prévus ci-dessus :

1° Pour les condamnés contradictoirement ou par défaut, lorsque le total des peines prononcées sera au moins d'un mois d'emprisonnement :

2° Pour les prévenus, lorsque le maximum de la peine applicable au fait incriminé sera, d'après la loi du pays réclamant, au moins de deux ans d'emprisonnement ou d'une peine équivalente, ou lorsque le prévenu aura été déjà condamné à une peine criminelle ou à un emprisonnement de plus d'un an ; et, en Espagne, pour les faits considérés comme délits moins graves, quand le total des peines imposées dépassera deux ans de privation de liberté.

Dans tous les cas, crimes ou délits, l'extradition ne pourra avoir lieu que lorsque le fait similaire sera punis-

(1) Telle est la législation du Danemark.

2

sable d'après la législation du pays à qui la demande a été adressée.

Le traité franco-belge s'exprime dans les mêmes termes et il résulte du dernier traité franco-anglais que l'extradition est accordée pour certains délits, sous fixation d'un minimum de la peine.

Assurément, dans un avenir plus ou moins éloigné, une formule générale remplacera dans les traités les longues énumérations qui y sont insérées.

Elle n'offrira aucun danger, puisque l'Etat requis peut légitimement refuser l'extradition si le fait incriminé n'est pas punissable d'après sa législation pénale.

En principe, peu importe que le fait à réprimer s'appelle *crime* ou *délit*, s'il offense la morale, s'il compromet l'intérêt général, la loi doit pouvoir en atteindre l'auteur. La distinction qui dans notre législation sépare les crimes des délits n'a eu pour but que la classification, que l'indication de la compétence. Or, cette division ne saurait s'appliquer à l'extradition ; pour nous en convaincre, il suffit de remonter au principe de l'extradition ; quel est en effet le but de cette institution ? C'est d'atteindre les faits que la justice de tout pays incrimine, sans être arrêté par une classification de telle ou telle législation.

C'est pénétré de ces idées que le législateur, par la loi du 27 juin 1866, a modifié les articles 5, 6 et 7 du code d'instruction criminelle. D'après cette modification, le principe de l'extradition peut s'appliquer aussi bien aux délits qu'aux crimes.

Les Etats n'accordent pas l'extradition de leurs nationaux. Cette règle est équitable et exigée par l'honneur national qui s'oppose à ce qu'on livre les citoyens à la justice étrangère. Si le fait mérite d'être puni, le coupable sera atteint par la loi de son pays ; mais là du moins il est certain de trouver des garanties qu'il attendrait vainement de l'étranger.

Nous trouvons l'application de cette règle dans un récent procès : l'assassinat de la veuve Crémieux. Le crime a été perpétré à Paris par un français Dequiens et un belge Hodister. Ce dernier a comparu devant la cour d'assises de Brabant.

« Les tribunaux, dit M. Faustin-Hélie, sont compétents pour connaître des crimes que les sujets de leur gouvernement auraient commis en pays étrangers. Le jugement du coupable est une satisfaction suffisante donnée au gouvernement étranger. » (1)

Les Anglais et les Américains ont fait à l'intérêt commun qu'ont les pays à la répression des crimes la concession d'étendre l'Extradition aux nationaux.

Mais en France, ni sous la féodalité, ni même sous la monarchie de Louis XIV, l'Extradition des nationaux n'était admise.

Et si ce principe éprouva un échec en raison du décret de 1811 promulgué à la suite de faits regrettables et d'un vice de notre législation qui n'admettait qu'exceptionnellement les poursuites contre un Français ayant commis un crime à l'étranger, ce décret resta à l'état purement théorique et le principe fut bientôt rétabli et définitivement consacré et pratiqué. On lit dans l'article 62 de la Charte de 1814 : « Nul ne pourra être distrait de ses juges naturels. »

_____

(1) M. Faustin-Hélie, tome II, p. 668; Inst. crim.

Une remarquable circulaire de M. Martin, garde des sceaux, déclare comme un principe sans exception que les gouvernements ne consentent pas à livrer les nationaux, et qu'en conséquence la France ne peut demander que l'Extradition d'un Français ou d'un étranger réfugié dans un pays autre que celui auquel il appartient. (2)

La législation de 1866 ayant généralisé le droit de poursuite, on peut conclure, dit M. de Vazelhes, que l'histoire, l'équité et la science rationnelle de notre droit public ont milité en faveur de ce principe aujourd'hui sans conteste ; le gouvernement ne peut pas accorder l'extradition d'un Français.

Pour que le fugitif soit passible d'extradition, il semble nécessaire qu'il relève de la juridiction de l'Etat requérant ; c'est bien, en effet, le principe qui domine toute la matière, mais il comporte de nombreuses et graves dérogations dont nous aurons à apprécier la légitimité.

« Que faudra-t-il décider si un individu après avoir « commis un crime devient le sujet du pays auquel son « extradition est aujourd'hui demandée ?

« Une Anglaise, par exemple, après s'être rendue « coupable en Angleterre d'un fait criminel, épouse un « Français.

« Les tribunaux de France sont incompétents pour la « juger puisqu'au moment de l'infraction elle était An- « glaise ; d'autre part, notre gouvernement ne peut « accorder son extradition puisqu'elle est devenue Fran- « çaise au moment où se produit la demande. L'impunité « va donc lui être assurée ? »

(2) Circulaire minist. 5 avril 1814.

Le dernier traité franco-anglais de 1876 décide, art. 2, que la personne sera extradée. L'article 10 de la loi belge du 15 mars 1874 a consacré un autre système ; le fugitif est jugé dans le pays requis compétent *ratione personæ*.

Nous nous rangeons à l'opinion des négociateurs du premier traité franco-anglais, car en vertu de cette maxime bien connue : *Fraus omnia corrumpit*, celui qui change de nationalité pour échapper aux conséquences de son crime doit être traité comme s'il était resté le sujet du pays qu'il a doublement outragé.

Dans le cas où un Italien aurait commis un crime en France et se serait réfugié en Belgique, on s'est demandé si le gouvernement français pourrait réclamer de la Belgique l'extradition de ce malfaiteur.

Certains auteurs admettent la négative soutenant que l'extradition est la restitution à une souveraineté d'un de ses sujets, et que, d'ailleurs, les juges étrangers ne sauraient offrir aux criminels les mêmes garanties que ceux de leurs pays. D'autres auteurs, au contraire, et parmi eux Faustin-Hélie, pensent qu'en droit l'Extradition, au profit d'une puissance dont le criminel n'est pas le sujet, est légitime. Comment admettre, en effet, qu'un individu qui a commis un crime et violé ainsi tous les devoirs de l'hospitalité puisse par sa fuite, chez un peuple neutre, se mettre à l'abri de toutes poursuites, de tous châtiments, si son gouvernement ne le réclame pas ?

Dans l'hypothèse que nous avons prévue d'un Italien qui aurait commis un crime en France et se serait réfugié en Belgique il peut arriver que la demande de l'Extradition soit adressée au gouvernement belge par la France et par l'Italie. Dans ce cas, auquel des deux Etats le prévenu doit-il être livré ? Les uns disent à la France parce que s'il y a condamnation on appliquerait une peine qui correspondra à la perversité de l'agent et surtout au danger couru par la société ; les autres disent à l'Italie, pays d'origine dont la justice est présumée plus impartiale.

D'après l'usage reçu dans la pratique internationale le gouvernement des pays requis, avant d'accorder l'extradition, donne avis de la demande de remise qui lui est faite au pays auquel appartient le prévenu. Nous partageons l'opinion de M. Faustin-Hélie qui dit que le gouvernement de ce pays peut alors exercer une sorte de tutelle, faire valoir ses intérêts, soutenir ses droits, mais qu'il ne peut s'opposer à l'Extradition. Etant compétent *ratione personnæ* pour le juger, il peut demander pour son propre compte l'extradition du fugitif.

Quand il y a un concours de demandes et qu'un réfugié après avoir commis des crimes dans divers pays se trouve réclamé en même temps par deux ou plusieurs Etats, les jurisconsultes sont d'avis que si l'un d'eux est la patrie de l'accusé, c'est à lui que l'extradition doit être de préférence accordée ; que si les deux nations sont étrangères à l'accusé la gravité du crime doit déterminer la juridiction, à moins toutefois que sur une demande antérieurement faite l'engagement n'ait été pris vis-à-vis de l'autre puissance.

Souvent des considérations étrangères à la question, comme par exemple des ménagements à avoir à l'égard d'un Etat puissant et susceptible, un intérêt politique à sauvegarder, dicteront une solution contraire aux principes ; mais il est de toute justice et de la dignité de la puissance requise d'examiner, en toute indépendance, la demande et d'accorder l'extradition à la puissance dont les lois ont été le plus fortement blessées. Les Etats peuvent s'entendre pour que la justice de chaque pays obtienne à son tour satisfaction.

Retenons bien ceci, c'est qu'en pareil cas le pays, où le crime a été commis, où les premières poursuites ont été faites, les premiers témoignages entendus, les pièces à conviction recueillies, doit être le plus possible le lieu de la répression.

En matière de contravention, la *tentative* n'est jamais punie ; elle ne l'est pas non plus, en principe, quand il s'agit de délit ; mais s'il s'agit de crime la responsabilité pénale de l'agent existe tout entière comme si l'acte coupable avait été consommé.

Jusqu'en 1869 les traités ne s'occupaient de la tentative que pour quelques crimes exceptionnels ; elle a sa place dans les clauses des derniers traités passés avec la Belgique, l'Angleterre et la Principauté de Monaco. Le traité franco-anglais toutefois n'admet l'extradition que pour tentative de meurtre.

Il est à remarquer que la législation russe punit de peines moins sévères l'agent qui a manqué son effet et que pour la législation allemande la culpabilité de l'agent s'efface par la réparation spontanée du mal causé. On comprend, en présence de cette interprétation, que ces gouvernements ne nous accorderont que bien difficilement l'extradition dans de telles circonstances.

Il n'est pas moins vrai de dire que le pays de refuge ne saurait être juge du fait incriminé et que les principes veulent que dans de semblables conditions l'extradition ne soit pas refusée.

« Les tentatives, dit le dernier traité franco-espagnol,

sont comprises dans les qualifications précédentes lorsqu'elles sont prévues par les législations des deux pays. »

L'extradition est obligatoire dans les cas prévus par
les traités ; mais ici se présente une question importante :
les traités sont-ils énonciatifs ou limitatifs ? en d'autres
termes l'extradition obligatoire pour les cas prévus
restera-t-elle facultative dans les cas non prévus ?

Certains auteurs pensent que les gouvernements ne
sont tenus à l'extradition qu'en vertu des traités ; que si
l'on n'admet pas ce principe on ne peut justifier l'utilité
des conventions internationales.

D'autres, au contraire, et c'est la majorité, admettent
que l'extradition pourra être accordée toutes les fois
qu'il s'agira de faits emportant peine afflictive et infa-
mante.

Cette dernière opinion est conforme à la jurisprudence
de la Cour de Cassation qui, à la date du 4 mai 1865,
a rendu un arrêt parfaitement motivé. « Attendu, dit cet
« arrêt, que le gouvernement qui extrade le prévenu
« d'un crime commis sur un autre territoire use d'un
« droit qu'il puise dans sa propre souveraineté et *non dans*
« *les traités qu'il aurait pu conclure* avec la puissance
« à laquelle ce prévenu appartient ; que, sans doute,
« deux États peuvent déterminer les cas dans lesquels
« l'extradition pourra être autorisée ; mais que ces con-
« ventions ne peuvent faire obstacle à ce qu'elle soit
« accordée dans d'autres cas et pour d'autres crimes
« que ceux qui sont spécifiés ; — que ces actes de haute
« administration, généralement motivés sur les néces-
« sités, ou de simples convenances internationales,
« échappent d'ailleurs à tout contrôle et à toute appré-
« ciation de l'autorité judiciaire ; — que, dès lors, le

« Français arrêté à l'étranger, et livré à son gouverne-
« ment, doit répondre à la justice de tous les faits à
« raison desquels l'extradition a été accordée. »

Il est parfaitement établi que le gouvernement français
peut aujourd'hui accorder l'extradition pour des faits non
prévus dans les traités ; cela résulte du principe que
nous avons posé, que l'extradition est un acte libre de
souveraineté qui peut être régi par des conventions, mais
qui ne repose pas sur elles. Aucun gouvernement ne
saurait, en effet, s'interdire de demander et d'accorder
l'extradition pour des crimes non mentionnés dans la
convention.

Seulement il est évident que l'absence de traités ou de
clause relative à tel ou tel fait, empêchera l'Etat d'exiger
impérieusement l'extradition ; il ne pourra que faire appel
à la bonne volonté de l'Etat requis.

L'extradition ne peut être accordée, si la *prescription*
est acquise aux réfugiés.

Le temps remédie à tous les maux et apporte avec lui
l'oubli ; dès lors, si le souvenir du fait coupable s'est
évanoui, si l'une des bases essentielles du droit de punir,
l'utilité sociale, manque complétement, la répression
serait illégitime ; dans toutes les législations l'action
publique et la peine se prescrivent par un certain nombre
d'années.

Il se présente à ce propos une question qui mérite
d'être examinée : Un Français, après avoir commis un
crime dans son pays se réfugie en Belgique ; devra-t-on
consulter la législation belge ou le code pénal français
pour savoir si l'action publique est prescrite ? Il faudra
se reporter au code pénal de Belgique ; telle est du
moins la solution posée en l'article 9 du traité du 28

avril 1850, approuvée par la loi du 27 novembre 5 décembre 1850, passée entre la France et le royaume de Saxe, traité que nous avons pris pour exemple, parce qu'il a eu la sanction législative et a servi pour ainsi dire de type aux conventions qui sont depuis lors intervenues.

L'article 11 du dernier traité franco-espagnol de 1878 est formel à cet endroit, et il ajoute que l'extradition pourra être refusée « si les faits incriminés ont été l'objet d'une amnistie ou d'un indulto. »

Il faut donc conclure que si d'après la loi de l'Etat requis la prescription est accomplie, l'extradition sera refusée : cette solution doit sans doute résulter de ce principe que l'infraction pour motiver l'extradition doit tomber sous le coup de la loi pénale d'un pays requis.

L'auteur du fait coupable peut avoir un ou plusieurs complices. La France, malgré le silence qu'ont gardé jusqu'en 1869 les traités sur l'extradition des complices en vertu de l'identité de peine (1) appliquée ordinairement à l'auteur principal et au complice, demandait et obtenait le plus souvent leur extradition.

Aujourd'hui la résistance qu'opposaient certains pays est tombée et nous voyons la clause concernant l'extradition des complices dans les deux derniers traités franco-belge et franco-anglais. (2) Ce dernier à la fin de son art. 3 s'exprime ainsi : « Est comprise dans les qualifications des actes donnant lieu à l'extradition la

(1) Code pénal, art. 59, 60.

(2) Traité franco-belge, art. 1, 15 août 74. Traité franco-anglais, 14 août 76, art 3.

complicité des faits ci-dessus mentionnés lorsqu'elle est punie par la législation des deux pays. »

Qu'arrivera-t-il si, au moment où se produit la demande d'extradition, le fugitif est condamné ou poursuivi dans le pays requis? Si le fait incriminé, dit M. de Vazelhes, est précisément celui pour lequel il est poursuivi ou bien condamné dans le pays requérant, ce qui peut se présenter assez souvent dans les pays où, comme chez nous, la loi pénale est à la fois territoriale et personnelle, le pays requis refusera l'extradition : à raison, si l'individu est seulement poursuivi, de l'indépendance respective des États, et, s'il a été condamné, en vertu du principe de droit *non bis in idem*. Le traité franco-anglais de 1876 a cru utile de formuler cette réserve et il dit, article 11 : « Il ne sera pas donné suite à la demande d'extradition, si l'individu réclamé a été jugé pour le même fait dans le pays requis. »

S'il s'agit de faits différents, il faut dire avec les derniers traités que l'extradition pourra être différée jusqu'à ce que l'individu ait purgé la prévention ou la condamnation. L'État requis statue de suite sur l'extradition, et, s'il l'autorise, il fait cette réserve que l'inculpé ne sera remis au pays requérant, qu'après avoir préalablement payé sa dette à la juridiction, qui est en possession de sa personne.

Mais si l'on comprend qu'entre deux intérêts de même nature on suive la règle *in pari causa melior est causa possidentis*, il n'en est plus de même quand l'intérêt public qui réclame la répression des crimes n'est en présence que d'un intérêt particulier. « En conséquence, un créancier qui retient en prison un débiteur étranger dont l'extradition serait accordée ne saurait s'opposer à ce qu'il soit livré à la puissance étrangère qui l'a réclamé. » (1)

Le dernier traité franco-espagnol de 1878 s'exprime ainsi à ce sujet, art. 9, § 2 : « Dans le cas où l'individu réclamé serait poursuivi ou détenu dans le pays où il s'est réfugié, à raison d'obligations par lui contractées envers des particuliers, son extradition aura lieu néanmoins, sauf à la partie lésée à poursuivre ses droits devant l'autorité compétente. »

S'il y a coexistence de faits criminels commis, l'un dans le pays requérant, l'autre dans le pays requis, ce dernier devra livrer l'extradé si le crime commis sur l'autre territoire a une gravité supérieure à celui commis sur le sien ; il aura toutefois la faculté de juger dans le cas où l'extradé subirait la condamnation sur son territoire, si cette condamnation ne peut pas se confondre avec celle qui va intervenir, et, dans le cas où l'extradé ne serait qu'inculpé chez lui, il fera cette réserve que l'extradé lui sera rendu dans le cas d'acquittement ou après qu'il aura subi sa peine dans le pays requérant.

Les tribunaux civils sont chargés de trancher les difficultés ou constatations qui peuvent s'élever sur la nationalité des fugitifs, car seuls ils sont compétents pour connaître des questions d'Etat.

La *désertion* est rangée parmi les infractions qui restent en dehors des traités d'extradition. Des conventions de

(1) Circulaire du 5 avril 1841.

cette sorte existent avec la Sardaigne (9 août 1820);
avec la Bavière (10 mars 1827), les Pays-Bas (2 octobre
1821, la Russie (25 juillet 1828). Voici l'art. 1 de la
convention avec la Sardaigne : » Tout militaire qui déser-
terait le service de l'une des deux puissances et passerait sur
le territoire de l'autre, soit pour y prendre du service,
soit pour y chercher un asile, sera arrêté afin d'être
rendu, à moins qu'il ne soit sujet du pays où il se sera
réfugié ; mais, dans ce dernier cas, les chevaux et effets
d'armement, d'habillement et d'équipement, appartenant
à la puissance dont il aurait abandonné le service, seront
envoyés au commandant de la première place frontière. »

Il existe un article analogue pour les matelots déserteurs
dans les conventions de navigation et de commerce
conclues avec le Brésil 1820 ; les Etats-Unis d'Amérique
1822 ; le Texas 1839 ; la République de Vénézuéla 1843 ;
les Deux-Siciles 1853 ; et l'Angleterre 1854 ; on y
remarque néanmoins quelques modifications ; ainsi pour
les deux premiers Etats il y est dit : « Les consuls
pourront arrêter les matelots déserteurs *pour les trans-
porter hors du pays.* »

Dans notre pays on fait une distinction entre la désertion des soldats de l'armée de terre et celle des marins.

Pour les premiers on a remarqué que la gravité du fait
n'est pas suffisante ; que la désertion est souvent inspirée
par des idées de nationalité ou qu'elle se rattache à
des faits politiques. Livrerions-nous, par exemple, à la
Prusse, l'Alsacien-Lorrain enrôlé dans l'armée prussienne
qui se réfugierait en France ?

La désertion est d'ailleurs un fait dont la criminalité
est diversement appréciée selon les pays.

Depuis 1830, ce chef de désertion n'a trouvé place
dans aucun traité conclu par la France.

Le principe est tout autre à l'égard des marins qui quittent leur bord à l'étranger. Les désertions de ce genre sont promptement et sûrement réprimées : tout service, dit avec raison M. Ortolan, serait impossible, s'il en était autrement. Dans ce cas l'extradition n'a plus lieu d'après la règle ordinaire : c'est le consul de la puissance à laquelle appartient le navire qui requiert les autorités locales de rechercher et de livrer le matelot déserteur et c'est à ce fonctionnaire que le fugitif est remis. Les traités fort nombreux antérieurs à l'année 1836 et plusieurs après ne contenaient aucune clause relativement au temps durant lequel les matelots déserteurs pouvaient être retenus en prison. (1)

La durée de cet emprisonnement a été limitée dans de récents traités : ainsi, d'après celui passé avec l'Italie, elle ne peut dépasser trois mois.

A défaut du consul, c'est le capitaine du navire qui peut réclamer l'extradition.

(1) M. de Cussy. — Phases du droit marit. L. 22. Tit. 2.

II

Délits Politiques.

L'extradition n'a jamais lieu pour crimes ou délits politiques. On entend par crime ou délit politique des actes
qui ont pour but, par des moyens contraires à la loi, soit
de renverser, soit de modifier l'organisation établie des
grands pouvoirs de l'Etat ; ces moyens sont en général
les conspirations, les séditions, les émeutes, les sociétés
secrètes et le plus souvent les délits de presse.

Pour ces faits purement politiques, il est admis que
l'extradition n'a pas lieu, parce que l'agent, éloigné du
pays où il a apporté le désordre, n'offre plus le même
danger ; parce qu'aussi les crimes politiques s'accomplis-
sent dans des circonstances très difficiles à apprécier et
naissent de passions ardentes, qui sont souvent leur
excuse. (1)

De plus, comme l'a judicieusement fait remarquer au
publiciste anglais, sir Georges Cornewal Lewis, « le gouvernement qui réclame l'extradition en matière politique
n'offre pas de suffisantes garanties d'impartialité ; il serait
juge et partie, puisque les crimes dont il voudrait poursuivre la répression sont des actes d'agression contre
lui. » (2)

(1) Circ. 5 avril 1841.
(2) Pub. Cor. Lewis, P. 327.

D'ailleurs le réfugié politique se trouve obligé de vivre pour toujours peut-être loin de son pays.

L'exil (1) pour lui, si ses aspirations sont nobles et généreuses, sera la punition la plus sévère : et dans ce cas-là on peut dire avec M. de Bonald que « si le droit d'asile n'est pas attaché aux temples, l'univers entier est un temple pour l'homme infortuné. » (2)

La circulaire de 1841 dit que « la France a toujours refusé, depuis 1830, de pareilles extraditions ; qu'elle n'en demandera jamais ». Au nom de ces principes, on ne peut donc que désapprouver les traités obtenus par l'Angleterre du Danemark, le 23 février 1661 et des Pays-Bas, le 14 septembre 1662 pour l'extradition des complices de la condamnation de Charles Ier ; mais il faut dire qu'à cette époque on n'admettait pas, comme aujourd'hui, de circonstances atténuantes en faveur des crimes politiques : c'étaient au contraire les premiers de tous.

Grotius admet l'extradition pour les crimes d'Etat. (3) Un traité beaucoup plus récent, celui du 4 janvier 1834 entre la Prusse, l'Autriche et la Russie qui stipule l'extradition des réfugiés polonais n'est évidemment pas à la hauteur de notre temps.

Mais cette politique est isolée. Le roi des Pays-Bas a refusé, en 1826 et 1828, l'extradition des réfugiés politiques français et l'Empereur du Maroc a refusé également de livrer des réfugiés politiques espagnols.

(1) Rome et Athènes s'estimaient assez pour croire que l'expulsion de la patrie équivalait à la mort même.

(2) De Bonald. Legisl. prim. L II, ch. XVII-6.

(3) Grotius L. 2, c. 21, n° 4.

Le traité franco-belge de 1864, art. 3, et le traité franco-anglais de 1876, art. 5, reconnaissent le principe que nous avons établi.

Le dernier traité franco-espagnol de 1878, art. 3, dit : « Aucune personne accusée ou condamnée ne sera livrée, si le délit pour lequel l'extradition est demandée est considéré par la partie requise comme un délit politique ou un fait connexe à un semblable délit. »

Inutile d'ajouter que « l'Etat qui accorde un asile aux réfugiés ne doit pas leur permettre d'en abuser en continuant sur son territoire leurs attaques coupables contre le gouvernement du pays qu'il ont quitté. »

Voilà pour les crimes ou délits simplement politiques ; mais il est des infractions dans lesquelles l'élément politique ne joue qu'un rôle secondaire, n'a servi que de prétexte ; quand il y a eu, par exemple : incendies, sacs et pillages, violations de la liberté individuelle et de la propriété, ces faits rentrent dans la catégorie des crimes communs et ne sauraient échapper à la répression en se couvrant du masque politique.

Dans le cas de connexité de délit politique et d'un délit commun on décide quelquefois que si l'élément politique domine, l'extradition sera refusée ; mais le plus souvent elle est refusée par le fait seul de connexité du délit politique et du délit commun ; les derniers traités sont formels à cet égard. (1)

Si nous envisageons l'hypothèse de l'attentat contre la vie du souverain, la solution est des plus difficiles :

_____

(1) Voir art. 5 du traité franco-anglais du 14 août 1876. — Voir aussi exposé des motifs présenté au Sénat.

En effet, est-ce l'élément politique ou l'élément criminel commun qui l'emporte ? La gravité des intérêts sociaux et politiques, dit M. de Vazelhes, compromis par un pareil crime ne vous oblige-t-elle pas à reconnaître qu'il y a là un fait politique au premier chef, dont le crime commun n'est qu'un accessoire ? Ne faut-il pas au contraire placer avant tout l'intérêt privé violé et cet acte n'appartient-il pas essentiellement « à cette classe de faits réprouvés par la morale et qui doivent tomber sous la répression pénale dans tous les temps et chez toutes les nations. » (1)

Le 22 septembre 1856, le gouvernement français conclut une convention avec la Belgique qui porte que « lorsque l'attentat contre la personne d'un souverain étranger ou contre celle des membres de sa famille constituera le fait soit de meurtre, soit d'assassinat, soit d'empoisonnement, cet attentat ne sera pas réputé délit politique ni fait connexe à un semblable délit. »

Les derniers traités franco-anglais et franco-espagnol ne contiennent aucune clause relative au cas d'attentat contre la vie du souverain.

Des faits d'insurrection comme l'assassinat des otages, l'incendie des monuments publics placent leurs auteurs en dehors du droit des gens : ce sont des délits de droit commun ; tous les partis doivent les répudier sous peine d'en être déshonorés et les nations devraient se faire un devoir et considérer comme étant de leur propre intérêt d'accorder dans ces circonstances l'extradition.

Le gouvernement français aurait, dit-on, adressé des communications officieuses à divers États pour savoir

(1) Arrêt de la Cour de Cassation de Belgique du 12 mars 1855.

s'ils n'accorderaient pas l'extradition des criminels, auteurs de faits tels que ceux dont nous venons de parler. La réponse, paraît-il, a été telle, qu'il a dû renoncer à formuler une demande officielle.

Ces actes, cependant, n'appartiennent pas à la lutte politique ; comme le dit M. Ortolan, « ils y ont trouvé occasion de se produire, mais ils en sont distincts. »

CHAPITRE III

PROCÉDURE. — ACTE D'EXTRADITION

I

Procédure.

Le décret de 1811 a longtemps réglé la procédure d'extradition. La circulaire de 1875 apporte quelques modifications, qui, sans être suffisantes, constituent cependant un commencement de réforme.

Le principe qui domine toute la matière est celui-ci : l'extradition étant un acte de droit des gens et émanant directement de la souveraineté, le gouvernement a seul qualité pour demander à l'étranger des extraditions et pour statuer sur les demandes de ce genre qui lui sont faites. (Circ. min. just. 5 avril 1841.)

Lorsqu'il y a lieu, d'après une procédure, à une demande d'extradition, et que ce soit la France qui veuille l'obtenir, le ministère public, dès qu'il est informé que l'auteur d'un crime ou d'un délit commis dans le ressort du tribunal est passé à l'étranger, décernera contre lui un mandat d'arrêt et l'adressera avec documents à l'appui, propres à établir l'identité et la culpabilité du prévenu, au Procureur Général près la Cour d'appel ; ce magistrat fera son rapport et transmettra le dossier complet au ministre de la justice qui, après examen, enverra les pièces nécessaires au ministre des affaires étrangères ; celui-ci donnera ordre à l'ambassadeur ou aux agents diplomatiques accrédités près le gouvernement étranger de demander exécution du traité.

Lorsque l'extradition est accordée, l'inculpé est conduit à la frontière française par les agents du gouvernement étranger et remis entre les mains de nos agents qui le confient immédiatement à l'autorité judiciaire.

Si, au contraire, c'est à la France que l'extradition est demandée, l'étranger est immédiatement après son arrestation conduit devant le Procureur de la République du lieu de l'arrestation. L'inculpé est interrogé par ce magistrat qui dresse procès-verbal de l'interrogatoire et le transmet avec son avis et les renseignements qu'il aura pu recueillir à la Chancellerie. La simplicité de cette procédure ressortira avec plus d'évidence lorsque nous aurons exposé celles qui sont suivies en Belgique et en Angleterre.

Aucune loi ne spécifie les pièces qui doivent être fournies ; mais on peut consulter les traités et règlements existants.

L'extradition n'est accordée que sur la justification des faits. Cette justification peut s'établir de plusieurs manières, notamment à l'aide du rapport du Procureur. Les pièces à produire à l'appui sont généralement le mandat d'arrêt décerné contre le prévenu ou tout autre acte ayant la même force. Il est aussi nécessaire que le gouvernement requérant établisse l'identité de l'individu réclamé ;

il est d'usage de transmettre le signalement et même, s'il est possible, la photographie de l'inculpé ; d'indiquer sa *nationalité* d'où ressort la compétence de l'Etat requérant ; il doit aussi établir la prévention (1) ou la condamnation qui pèse sur lui, la nature du fait et la peine encourue.

Au sujet de ces justifications exigées par le gouvernement qui accorde l'extradition, disons quelques mots sur une notable différence existant dans le mode de procéder entre la France d'une part, l'Angleterre et la Belgique d'autre part.

L'extradition, comme on le voit, est en France une attribution, un acte du pouvoir exécutif et ne concerne en rien, quant à sa concession ou à son refus, l'autorité judiciaire.

En Angleterre, le pouvoir judiciaire intervient et a un rôle prépondérant : aux termes d'un traité du 13 février 1843 passé avec la France, un magistrat de l'ordre judiciaire est chargé de constater l'identité du coupable, d'interroger le fugitif sur les faits mis à sa charge, et c'est d'après son rapport qu'il est statué sur l'extradition demandée.

La procédure est aujourd'hui réglée par l'acte de 1870, dont l'article 8 du dernier traité franco-anglais ne fait que résumer les dispositions. Le secrétaire d'Etat, après l'examen du dossier duquel il résulte que le fait n'est pas politique et que l'extradition peut être accordée, signifie la demande au Président de la Cour métropolitaine et le

---

(1) Dans le cas de prévention, la France se contente du mandat d'arrêt de l'autorité étrangère qui est d'ailleurs explicite. Voir l'art. 6 du dernier traité franco-anglais.

requiert de lancer un mandat d'arrêt. Alors l'inculpé est traduit devant un magistrat qui examine tous les moyens de preuves mis à sa disposition absolument comme si le crime avait été commis en Angleterre et qui décide si l'extradition doit être accordée ou refusée ; on comprendra que toutes pièces justificatives soient nécessaires. Le pouvoir exécutif n'apparaît que pour exécuter la décision de l'autorité judiciaire. Comme on le voit, la législation anglaise fait pencher la balance en faveur des intérêts privés ; c'est évidemment aller trop loin que de permettre au magistrat de se prononcer sur les preuves de culpabilité : le pays requérant réclame cet individu pour le juger et non pour le condamner sans l'entendre. Il y a là une exagération regrettable. L'autorité judiciaire ne devrait examiner que si la demande est conforme à la loi sur l'extradition et au traité, si le fait prévu n'est pas politique, etc., mais non décider s'il est ou n'est pas coupable et, partant, si l'extradition doit être accordée ou refusée.

La Belgique a un système de procédure bien plus complet et qui est bon à imiter. Comme en France, le pouvoir exécutif y joue un rôle prépondérant.

Le mandat d'arrêt décerné par l'autorité étrangère compétente n'est rendu exécutoire que par le tribunal de première instance du lieu où le prévenu est rencontré, et l'extradition n'est accordée qu'après débats contradictoires du prévenu et du ministère public devant la Chambre des mises en accusation et après arrêt de cette même Chambre. Dans la quinzaine de la réception des pièces, elles sont envoyées avec l'avis motivé au ministre de la justice. (1)

(1) Loi du mois d'août 1833.

La convention du 18 mars 1843 avec l'Angleterre contient une disposition analogue : « L'extradition ne sera effectuée de la part du gouvernement britannique que sur le rapport d'un juge ou magistrat commis à l'effet d'entendre le fugitif sur les faits mis à sa charge. »

M. Faustin-Hélie approuve avec raison ces dispositions, qui auraient, dit-il, l'avantage de régulariser l'arrestation et la détention de l'inculpé et de concilier ainsi l'extradition avec le droit commun.

Dans la loi du 15 mars 1874, nous voyons que l'autorité judiciaire est consultée et que le gouvernement seul décide ; que si en France c'est le ministère de l'intérieur qui fait arrêter l'inculpé, en Belgique c'est l'autorité judiciaire.

Voici comment on procède : la demande et les pièces à l'appui sont adressées au procureur général du ressort dans lequel l'inculpé est arrêté. La Chambre des mises en accusation en audience publique, à moins que le prévenu demande le huis clos, donne son avis (1) non sur la culpabilité de l'individu arrêté, mais sur les questions de savoir si la demande d'extradition a été régulièrement formée, si elle n'est contraire ni à la loi sur l'extradition, ni au traité.

Le ministre de la justice éclairé propose à la signature du Roi un décret autorisant l'extradition.

Pour les pièces à produire à l'appui de la demande, s'il s'agit d'une condamnation, le pays requérant doit fournir une expédition du jugement ; s'il s'agit d'une prévention, on ne demande plus « la production de l'arrêt de renvoi

(1) Même procédure dans les Pays-Bas.

de la Chambre des mises en accusation ou de l'ordonnance de renvoi du juge d'instruction ; » la production du mandat d'arrêt suffit.

Cette règle nouvelle, suivie d'ailleurs par presque tous les autres pays, facilite l'extradition des malfaiteurs, supprime une détention préventive absolument inutile et est favorable à l'inculpé qui est présent à l'instruction dirigée contre lui.

La procédure suivie aux Etats-Unis est à peu près la même que celle suivie en Angleterre, mais pour les pièces à fournir le gouvernement anglais se contente des pièces signées par les témoins et le magistrat instructeur ; aux Etats-Unis, la signature du magistrat doit être légalisée par celle du ministre de la justice, celle de ce dernier par celle du ministre des affaires étrangères et celle de ce ministre par le principal agent diplomatique des Etats-Unis résidant dans le pays.

La procédure d'extradition admise par les colonies fait une exception à la règle générale. La voie diplomatique entraînerait des lenteurs ; aussi n'a-t-elle pas été suivie par les traités récents.

Le dernier traité franco-anglais règle avec soin la procédure qui doit être suivie dans les colonies des puissances contractantes ; « la demande d'extradition du « malfaiteur qui s'est réfugié dans une colonie ou « possession étrangère de l'une des parties sera faite au « gouvernement ou fonctionnaire principal de cette colonie « ou possession, ou, si le fugitif s'est échappé d'une « colonie ou possession étrangère de la partie au nom de « laquelle l'extradition est demandée, par le gouverneur

« ou le fonctionnaire principal de cette colonie ou
« possession. » (1)

Voici ce que dit l'article 17 du dernier traité passé
avec l'Espagne :

« Les stipulations du présent traité sont applicables
aux colonies et aux possessions des deux hautes parties
contractantes, où il sera procédé de la manière suivante :

« La demande d'extradition du malfaiteur qui s'est
réfugié dans une colonie ou possession étrangère de l'une
des parties sera faite au gouvernement ou fonctionnaire
principal de cette colonie ou possession par le principal
agent consulaire de l'autre dans cette colonie ou possession ; ou si le fugitif s'est échappé d'une colonie ou
possession étrangère de la partie au nom de laquelle
l'extradition est demandée, par le gouvernement ou par
le fonctionnaire principal de cette colonie ou possession.

« Les demandes seront faites ou accueillies, en suivant
toujours aussi exactement que possible les stipulations de
ce traité, et en tenant compte des distances et de l'organisation des pouvoirs locaux, par le gouverneur ou premier
fonctionnaire qui, cependant, aura la faculté ou d'accorder
l'extradition ou d'en référer à son gouvernement. »

Il est évident que c'est cependant la voie diplomatique
qu'il faudra suivre s'il n'y a pas de clause contraire.

D'après la loi du 30 mai 1854 sur la transportation,
la résidence dans la colonie est obligatoire pour les trans-
portés et en quittant la colonie avant l'époque fixée par
leur condamnation ils se rendent coupables d'un nouveau
délit. Le gouvernement français n'a pu obtenir du gou-

(1) Traité franco-anglais, art. 16.

vernement britannique une clause autorisant la remise de
ces fugitifs à moins qu'ils n'aient été frappés pour un fait
compris dans la convention.

L'arrestation provisoire est un moyen employé pour
empêcher le coupable de déjouer indéfiniment les poursuites en passant à temps d'un pays dans un autre.

Il est donc naturel que le pays requis, averti de la
présence du malfaiteur, puisse l'arrêter et faire ainsi
attendre la demande d'extradition dont il doit être l'objet.

La liberté individuelle de l'étranger est en cause, aussi
ne saurait-on entourer de trop de précautions une mesure
aussi grave.

D'après la circulaire de 1875, ce n'est qu'après un
examen approfondi de la demande d'extradition au ministère de la justice que l'individu sera arrêté par les soins
du ministre de l'intérieur. Cependant nous croyons, et
notre opinion est basée sur de récents traités, que :
« l'arrestation provisoire devra être effectuée sur avis
transmis par la poste ou par le télégraphe de l'existence
d'un mandat d'arrêt, à la condition toutefois que cet avis
sera régulièrement donné. » (1) « L'arrestation sera
facultative si la demande est directement parvenue à une
autorité judiciaire ou administrative de l'un des deux
États. » (2).

Dans ce cas, l'autorité judiciaire ou administrative se
livrera à toutes recherches utiles, procédera à l'interro-

(1) Traité franco-espagnol 1878, art. 6.
(2) Convention entre la Bavière et l'Autriche en 1868.

gatoire, etc. ; elle doit en référer au ministre dans le plus bref délai si elle croit devoir surseoir à l'arrestation. (1)

En Belgique et en Angleterre, l'arrestation provisoire ne peut être opérée que par l'autorité judiciaire. Un magistrat de police ou un juge de paix peut délivrer le mandat d'arrêt en l'absence même d'un ordre du secrétaire d'Etat. Dans les traités se trouve la fixation d'un délai après lequel le prisonnier sera de droit mis en liberté si le pays requis n'a pas reçu une demande régulière d'extradition. Ainsi, d'après le dernier traité franco-belge, art. 7, le délai est de quinze jours ; d'après l'art. 9 du traité franco-anglais il est de quatorze jours « pour le Royaume-Uni aussi bien que pour la France. » Et enfin le délai prescrit par l'art. 7 du traité franco-espagnol est d'un mois.

On voit que la liberté individuelle se trouve aux prises avec l'intérêt général qui demande la répression des crimes. Le meilleur système de procédure à suivre au point de vue international sera, sans contredit, celui qui saurait concilier ces deux droits rivaux.

(1) Les derniers traités franco-belge et franco-anglais confirment ces dispositions.

II

Acte d'extradition.

L'acte qui met fin à la procédure d'extradition est la réponse de l'Etat requis.

Cette décision émane d'après une pratique presque constante du pouvoir exécutif : divers documents établissent chez nous ce principe. (1)

L'acte d'extradition contient l'autorisation de remise, l'extradé doit y être clairement désigné ; on indiquera sa nationalité, le fait pour lequel l'extradition est accordée, et surtout les réserves qui peuvent y être faites. Le pays requérant aurait tout intérêt à connaître exactement les termes de l'acte d'extradition : il n'est cependant ordinairement communiqué ni en original, ni en copie. L'Etat requis fait seulement à l'Etat requérant une notification diplomatique dans laquelle les points que nous venons de signaler doivent être exactement relevés.

En Angleterre et aux Etats-Unis, dit M. Billot, l'acte d'extradition, c'est-à-dire le mandat du secrétaire d'Etat (ou du magistrat) (2) qui ordonne au gardien de la prison de remettre l'inculpé est, au contraire, communiqué à l'autorité étrangère.

---

(1) Décret de 1811. — Circulaire de 1841. — Circulaire de 1875.

(2) Voir art. 7 du dernier traité franco-anglais.

En France, le ministre de l'intérieur est chargé de faire
conduire à la frontière l'inculpé qui, là, est remis à l'autorité étrangère. Le lieu où la remise de l'extradé doit
s'opérer est désigné dans les conventions particulières ;
c'est d'ailleurs, on le comprend, une question de convenances. C'est le gouvernement du pays où l'inculpé
se trouve qui doit exécuter les mesures nécessaires à sa
remise. Cependant en Angleterre il est permis de remettre
directement le prévenu sans le conduire à la frontière et
dans le cas où il s'échapperait, « on le reprendra de la
même manière que l'on reprendrait tout autre malfaiteur
accusé de crimes prévus par les lois de cette partie des
États de Sa Majesté où ce malfaiteur sera repris ». Par
le dernier traité, l'Angleterre s'oblige à remettre l'extradé
à la frontière. (1)

Devons-nous ajouter que tous les objets emportés par
l'extradé après son crime doivent être aussi remis avec
lui lors de son extradition ? Cette restitution peut être
très importante et ces objets ne sont rien moins que des
pièces à conviction sur lesquelles le pays requérant a tout
droit : Si un caissier infidèle se réfugie en pays étranger,
emportant les valeurs qu'il a soustraites, la saisie de ces
valeurs est une mesure urgente pour que le pays requis
les rende à l'État requérant et qu'enfin elles puissent
revenir à leurs légitimes propriétaires.

M. de Vazelhes va plus loin : quand même l'extradition ne serait pas accordée ou serait devenue impossible,
le pays de refuge remettra encore à l'État requérant les
objets emportés par le fugitif ; cela arrivera, par exemple,

(1) Tr. 14 août 1876, art. 15.

si le caissier dont nous venons de parler meurt dans le pays de refuge, s'il est national de ce pays, etc.

En général, la même autorité statue sur la remise du malfaiteur et sur celle des objets dont il est porteur ; les droits des tiers sont réservés : cette question est naturellement déférée à l'autorité judiciaire. (1)

Le pays requérant peut se trouver séparé du pays requis par un Etat intermédiaire. Les agents de l'une des deux puissances intéressées pourront-ils néanmoins conduire le prisonnier à travers l'Etat intermédiaire ? Evidemment non. Il est indispensable que l'Etat intermédiaire prenne le malfaiteur à la frontière du pays requis et le conduise, à travers son territoire, à celle du pays requérant.

Le pays requis a pris pour accorder l'extradition tous les renseignements voulus et toutes les précautions nécessaires exigées par la légalité, aussi l'Etat intermédiaire se contente de la simple production d'un des actes de la procédure : comme l'arrêt de condamnation, de renvoi, ou même simplement le mandat d'arrêt.

Cela résulte de divers traités : le traité franco-anglais ne parle cependant point du *transit* : cela provient des lacunes de la législation anglaise qui n'ont pas permis au plénipotentiaire anglais de s'occuper de cette question.

Les démarches faites auprès de l'Etat intermédiaire sont naturellement à la charge de l'Etat requérant et tout doit se traiter par la voie diplomatique.

Qui devra supporter les frais d'extradition ? L'Etat

---

(1) Traité franco-belge (art. 8) et traité franco-anglais (art. 14) sont conformes à ces principes.

requis, en autorisant l'extradition et en remettant l'inculpé
à l'Etat requérant, expose des frais plus ou moins considérables et quoiqu'il soit comme l'Etat requérant intéressé
à la répression des crimes qui blessent l'ordre social, il
n'en est pas moins vrai de dire qu'il ne l'est pas au même
degré et qu'il rend un service à l'Etat requérant, qui est
plus directement lésé par la violation de ses lois.

Si l'on envisage la question en dehors des traités, il
semblerait de toute justice que les frais occasionnés au
pays requis fussent à la charge de l'Etat requérant ; cette
règle est adoptée par les Etats-Unis et était écrite dans le
traité franco-anglais de 1843, art. 2 ; mais l'Angleterre
dans le traité de 1852, art 12, et en termes formels dans
le dernier de 1876 a accepté la nouvelle règle qui a
généralement prévalu : par suite de cette règle qui repose
sur une application plus large du principe de réciprocité,
chaque pays supporte les frais qu'il fait Nous trouvons
cette règle dans les traités récents conclus avec l'Italie en
1870, avec la Belgique et enfin avec l'Angleterre, art. 15,
1876, malgré les frais considérables qu'entraînent chez
cette puissance la procédure d'extradition.

Ce système d'ailleurs se généralise et tend à s'appliquer
à toutes les matières qui touchent aux intérêts internationaux.

Le dernier traité franco-espagnol renferme, art. 12,
les clauses suivantes : « Les frais occasionnés par
l'arrestation, la détention, la garde, la nourriture des
prévenus et le transport des objets saisis (pouvant servir
à constater le crime ou délit, ainsi que ceux provenant
du vol) au lieu où la remise s'effectuera, seront supportés
par celui des deux Etats sur le territoire duquel les
extradés auront été saisis. »

Que dire des dépenses causées à l'Etat intermédiaire par le transit du prisonnier à travers son territoire? On admet généralement que l'Etat requérant doit payer à l'Etat intermédiaire les frais du transit : c'est ce que décide la convention passée avec l'Allemagne, la Suisse et l'Italie.

CHAPITRE IV

EXCEPTIONS

———

Certains jurisconsultes sont d'avis que pour être passible d'extradition l'individu réclamé doit se trouver volontairement sur le territoire du pays requis. S'il a été jeté par un naufrage sur les côtes du pays requis, si quelque accident lui a fait franchir involontairement la frontière, s'il a été fait prisonnier de guerre ou livré par un gouvernement voisin, d'après eux le malfaiteur ne peut être l'objet d'une mesure d'extradition. Ils n'invoquent aucun argument vraiment juridique à l'appui de leur système et ne sauraient avoir d'autres raisons que celles de générosité sentimentale dont l'expression figure parmi les considérants de l'arrêté consulaire de l'an VIII ; nous citons cet arrêté qui a été rendu dans des circonstances caractéristiques : Des émigrés, évadés du château de Ham, étaient parvenus à s'embarquer pour l'étranger, la tempête les rejeta sur les côtes de France ; alors intervint un acte du pouvoir exécutif qui les rendit à la liberté, en raison des circonstances de force majeure qui les avait ramenés sur le sol de la République. (1)

« Il nous suffit de savoir, dit alors M. Portalis au conseil des anciens, que les émigrés dont il s'agit ne sont ni des émigrés rentrés, ni des émigrés pris, mais des émigrés naufragés... Des hommes naufragés ne sont justiciables d'aucun tribunal particulier, il ne s'agit pas de les juger, mais de les secourir. »

On ne lira pas sans intérêt les curieux considérants de cet arrêté des consuls de la République « qui ordonne la « déportation hors du territoire de la République des « émigrés naufragés à Calais. »

« 18 frimaire an VIII.

« Les consuls de la République, chargés spécialement « de l'ordre dans l'intérieur, après avoir entendu le « rapport du ministre de la police générale ;

« Considérant : 1° Que les émigrés détenus au château « de Ham ont fait naufrage sur les côtes de Calais,

« Qu'ils ne sont dans aucun cas prévu par les lois sur « les émigrés,

« Qu'il est hors de droit des nations policées de profiter « de l'accident d'un naufrage pour livrer, même au juste « courroux des lois, des malheureux échappés aux flots,

« Arrêtent :

« Art. 1er. — Les émigrés français naufragés à « Calais, le 23 brumaire an IV, seront déportés hors du « territoire de la République.

(1) M. Billot.

« Art. 2. — Les ministres de la police générale et
« de la guerre sont chargés, chacun en ce qui le concerne,
« de l'exécution du présent arrêté qui sera imprimé au
« bulletin des lois.

« *Les Consuls de la République,*

« Signé : Roger-Ducos, Sieyès, Bonaparte.

« Pour copie conforme,

« *Le Secrétaire général,*

« Signé : Hugues, B. Maret. »

La même théorie, dit M. Billot, reparaît chez les com-
mentateurs de l'ancien art. 7 du code d'instruction criminelle. D'après cet article, tout Français qui s'était rendu
coupable à l'étranger d'un crime contre un Français
pouvait, à son *retour en France,* y être poursuivi et jugé
sous certaines conditions. Carnot (1), Bourguignon (2) et
Mangin (3) lui-même admettent qu'il s'agit ici d'un retour
volontaire. Quoi qu'il en soit, cet art. 7 du code d'instruction criminelle a été abrogé par la loi du 27 juin 1860
et remplacé par une disposition qui forme aujourd'hui
l'art. 5.

Rien, dans l'exposé des motifs de la loi de 1866, ni
dans la discussion de cette loi devant les deux Chambres,
n'indique si ces mots que renferme l'art. 5 : « aucune
poursuite n'a lieu *avant le retour de l'inculpé en France* »
doivent s'entendre d'un retour volontaire.

---

(1) Carnot. — De l'instr. crim. T. I, P. 124.

(2) Jurisprudence des cours criminelles. T. I, P. 78.

(3) Act. Publ. T. I, P. 128.

Nous pensons donc qu'un individu peut être livré à la justice étrangère alors même que sa présence sur le territoire du pays requis n'est pas volontaire.

Qu'arrivera-t-il dans le cas où l'inculpé, afin d'accélérer la marche de l'instruction, ou pour se concilier la bienveillance de ses juges, demanderait à être remis de suite au pays qui le réclame ?

Cette démarche ne créerait aucun droit à l'inculpé, car il n'agit ainsi que parce qu'il veut empêcher sa détention préventive de se trop prolonger et qu'il sait d'ailleurs qu'il serait livré nécessairement un peu plus tard.

Mais quels seront les droits et les obligations du pays requérant et du pays requis ?

S'il n'y a pas de traité entre ces pays, il est évident que l'État à qui le malfaiteur est remis demeure soumis aux principes généraux et supérieurs du droit international dont les traités ne font que sanctionner l'application : ainsi le malfaiteur ne pourra être jugé que pour le fait qui devait motiver l'extradition, jamais pour un fait politique, etc.

S'il y a des traités, l'État qui a obtenu la remise de l'inculpé est absolument lié par les termes du traité.

Contrairement à la jurisprudence de la Cour de Paris, le gouvernement français et la Cour de Cassation sont d'avis que le consentement du fugitif à être remis avant l'accomplissement des formalités régulières est l'équivalent exact de son retour volontaire en France. « Il n'y aurait pas à tenir compte des principes de l'extradition puisque l'inculpé est venu de son propre mouvement se replacer sous l'empire des lois qu'il a violées. » (1)

(1) V. M. de Vaz., P. 183.

Ce système a soulevé de nombreuses protestations, en Belgique notamment, lors de la discussion de la loi du 5 avril 1808.

Actuellement, l'accord ne s'est point encore établi, et les deux traités franco-belge de 1874 et franco-anglais de 1876 ne renferment aucune disposition réglant le diffé- rend.

Nous n'hésitons pas à déclarer que, pour nous, le consentement du malfaiteur fugitif ne saurait en aucune façon changer la nature de l'acte international qui est intervenu, et que l'Etat requérant est lié par les termes du traité-et doit en assurer l'exécution.

CHAPITRE V

CONSÉQUENCES LÉGALES DE L'EXTRADITION

———

C'est au pouvoir souverain seul qu'appartient le droit d'extradition : ce principe a été reconnu par les divers gouvernements qui se sont succédés en France et consacré par les arrêts de plusieurs cours et de la Cour de cassation elle-même ; il faut donc en conclure que les conventions conclues par le chef de l'Etat s'imposent à la nation.

Nous avons vu que le pouvoir exécutif remettait l'extradé à l'autorité judiciaire : voilà donc deux pouvoirs en présence ; quelle sera l'attitude de ce dernier ? quel sera son rôle ? Les traités renferment des conditions implicites ou expresses : doit-il les respecter ? dans quelles limites ?

« En principe, dit la circulaire de 1841, le gouvernement seul est juge de la validité d'une extradition, et il en résulte qu'il lui appartient d'en fixer la portée, d'en interpréter les termes. » Et la circulaire du 30 juillet 1872 renferme le passage suivant :

« Les règles en matière d'extradition échappent entièrement au contrôle de l'autorité judiciaire. »

La jurisprudence et les auteurs sont aujourd'hui d'accord avec la Chancellerie.

L'autorité judiciaire ne doit donc pas chercher à interpréter les traités, elle doit seulement les appliquer : elle est incompétente pour annuler, interpréter les conventions d'extradition ou en apprécier la légalité par suite du principe de la séparation des pouvoirs.

Comment un tribunal pourrait-il, en effet, déclarer une clause, une extradition illégale et l'annuler ? quel serait le résultat de ses décisions ? en vertu de quelle disposition de loi ferait-il reconduire à la frontière le Français irrégulièrement livré à la France ? où puiserait-il un tel pouvoir ? L'autorité gouvernementale seule peut apprécier ses propres actes et les interpréter.

Ce n'est pas seulement aux tribunaux judiciaires, c'est aussi aux tribunaux administratifs qu'est interdite toute immixtion de cette sorte lorsqu'il s'agit de traités diplomatiques et d'actes internationaux, car les conventions d'extradition, comme le dit la Cour de Cassation, sont des « actes diplomatiques de gouvernement à gouvernement. »

Le droit d'extradition comme l'acte d'extradition lui-même appartenant au pouvoir souverain, les conventions d'extradition étant conclues par le chef de l'État, les tribunaux sont donc liés par ces faits même et doivent simplement appliquer les conventions, étant « incompétents pour les interpréter ». (1)

(1) Bertauld.

Les tribunaux peuvent-ils surseoir pour demander au gouvernement communication de l'acte d'extradition ?

Nous avons vu qu'il n'y a pas à proprement parler d'acte d'extradition remis au pays requérant ; d'ailleurs le tribunal, dans le cas où il y aurait un acte d'extradition, serait mal venu à le demander en communication, car en saisissant l'autorité judiciaire le pouvoir exécutif agit sous sa responsabilité et comme il l'entend.

Certains auteurs déclarent que, si les termes de la convention sont obscurs, le tribunal ne peut même surseoir pour demander au gouvernement de l'éclairer sur le sens de la convention.

Nous ne partageons pas cette manière de voir, car ce n'est plus une appréciation expresse ou implicite de la légalité de l'acte. Dès l'instant où les termes sont vraiment obscurs, le tribunal peut surseoir et demander au gouvernement des explications sur le sens de la convention ; ce dernier reste évidemment souverain juge d'accepter ou de repousser la demande du tribunal, connaissant la mesure dans laquelle il doit et a voulu saisir l'autorité judiciaire.

Mais, si un tribunal ne peut annuler une extradition, peut-il en examiner la validité pour décider, s'il y a lieu, de surseoir au jugement ?

Contrairement à divers arrêts de la Cour de Cassation et à l'opinion de M. Faustin Hélie lui-même, nous croyons que la Cour d'assises n'a pas plus le droit d'apprécier et d'interpréter l'acte gouvernemental pour surseoir au jugement qu'elle n'a celui de l'apprécier et de l'interpréter pour l'annuler.

On nous dira bien que la Cour d'assises ne commet aucun empiétement, puisqu'elle réserve au pouvoir exécutif

la décision définitive. Mais est-il vrai de dire que l'arrêt
de sursis laisse la question entière ? cet arrêt ne préjugera-
t-il pas la décision à intervenir ? et ne pèsera-t-il pas de
tout son poids sur l'appréciation que l'on dit cependant
appartenir au gouvernement d'une façon exclusive ? N'y
a-t-il pas une imprudence et un danger, en même temps
qu'une incontestable atteinte aux prérogatives du gouvernement, à placer celui-ci entre la nécessité de demander ses
inspirations aux convenances politiques et internationales
et aux principes du droit des gens, et l'obligation d'être
ou même seulement de paraître en désaccord avec l'arrêt
d'une cour de justice ?

Par le fait de la remise de l'accusé à ses juges naturels,
le gouvernement consacre la régularité de son extradition;
aussi n'hésitons-nous pas à conclure que la Cour d'assises
n'a pas le droit de rendre, en pareille hypothèse, un
arrêt de sursis.

Si l'extradé, dans l'Etat qui a obtenu son extradition,
est inculpé d'une infraction déterminée, il ne peut être jugé
que pour le fait qui a motivé son extradition ; quant aux
autres faits qui lui sont reprochés et qui sont exceptés
ou non prévus dans la convention d'extradition, il est
réputé légalement se trouver encore dans le pays où il
avait cherché refuge.

Si une infraction se révèle aux cours des débats, la Cour
n'est pas saisie.

Ne pourrait-il pas arriver que les Etats-Unis, par
exemple, réclamassent un prisonnier pour un crime
et le jugeassent pour un autre qui serait regardé en
Angleterre ou en France comme politique quoique autrement considéré aux Etats-Unis ? Cette manière d'agir

choquerait les usages des peuples civilisés : elle aurait contre elle les dispositions expresses de la plupart des traités récents.

Il faut que l'Etat qui obtient l'extradition agisse de bonne foi.

Si après la remise de l'extradé se révèle une nouvelle infraction, l'extradé, pour ce fait, sera jugé par contumace comme s'il était encore sur le territoire étranger ; si cette infraction peut donner lieu à l'extradition, le gouvernement négociera avec le pays étranger où le malfaiteur s'était réfugié une extradition supplémentaire, et alors le malfaiteur sera jugé contradictoirement pour cette infraction.

Si, à l'inverse, l'examen de l'affaire fait disparaître une partie des charges, modifie la nature de l'accusation primitive, et change le crime en délit ; si, par exemple, l'homme accusé de meurtre ou de vol qualifié n'est plus coupable que d'homicide par imprudence ou de vol simple, l'extradition doit être considérée comme non avenue et le prévenu restitué à l'Etat qui l'a livré.

On sent quels abus pourraient naître d'une jurisprudence contraire.

Mais il en serait autrement si les débats faisaient seulement admettre des excuses ou des circonstances atténuantes. Dans ce cas, en effet, le crime subsiste, si la situation du criminel est modifiée.

Enfin, l'extradition, faite en vertu d'un traité postérieur au crime, n'en est pas moins valable ; ce n'est pas là attribuer à la convention un effet rétroactif.

L'extradition aurait pu avoir lieu en l'absense de tout traité, et celui qui est intervenu n'a pas fait naître le droit : il n'en a que réglé l'exercice.

Le gouvernement n'est jamais désarmé vis-à-vis du malfaiteur. Si l'extradé est un étranger, la loi de 1849 permet au gouvernement de l'expulser par mesure administrative. S'il est Français, un arrêté d'expulsion est impossible ; mais, en pratique, le gouvernement fait reconduire à la frontière ce malfaiteur. Dans d'autres pays, un certain délai lui est accordé pour quitter le territoire ; s'il ne l'a pas quitté dans le délai prescrit, ou s'il rentre dans le pays, il sera pris et renvoyé devant les tribunaux qui pourront alors le juger contradictoirement.

Ce renvoi du malfaiteur à la frontière est une mesure administrative, bien que quelques arrêts aient cru pouvoir décider autrement ; c'est une mesure administrative de police, qui rentre dans le domaine du pouvoir exécutif ; l'autorité judiciaire ne pourrait l'ordonner sans commettre un excès de pouvoir. (1)

Si, au lieu d'être prévenu dans l'Etat qui a obtenu son extradition, l'extradé est condamné, il subira naturellement sa peine dans le cas où la condamnation aura été encourue pour l'infraction qui a motivé l'extradition.

Mais, si d'autres condamnations, en dehors de celle prévue par le traité, pèsent sur lui, il ne pourra être retenu pour les purger, car l'extradé n'est légalement en France qu'à l'égard du fait pour lequel il a été extradé. Il sera toutefois reconduit à la frontière et s'il rentre dans le pays on exécutera la condamnation qu'il a encourue ; on pourra encore lui accorder un délai pour quitter le territoire, et, s'il ne l'a pas quitté dans le temps voulu, on exécutera aussi la condamnation.

(1) M. B. de V. E. et P. 120.

L'extradé ne peut demander la nullité de l'extradition, puisque l'autorité judiciaire est incompétente pour la prononcer ; il ne peut demander davantage à n'être jugé que sur certains faits soit que les autres aient été formellement réservés par la puissance qui l'a remis, soit qu'ils ne rentrent pas dans les prévisions du traité.

La Chancellerie est favorable à cette doctrine aussi bien que la jurisprudence, sauf quelques arrêts anciens qui ont méconnu les principes.

La justice, dit M. de Vazelhes, ne peut demander compte à l'extradé que du fait pour lequel il a été remis, et, pour les autres infractions, il doit être traité comme s'il se trouvait encore en pays étranger. Cette situation, avantageuse à première vue à l'accusé, peut en réalité lui être nuisible. Si l'on écarte des chefs d'accusation moins graves que celui sur lequel est fondée l'extradition, ne peut-il pas arriver qu'il soit condamné pour le fait le plus coupable, tandis que s'il avait pu être jugé cumulativement pour tous les faits mis à sa charge, il aurait eu la chance, au prix d'une condamnation pour une infraction plus légère, d'obtenir, comme il arrive quelquefois, l'acquittement sur le fait le plus grave ?

Si l'inculpé trouve avantage à être jugé sur tous les chefs relevés à sa charge, peut-il, par son consentement, modifier la règle que nous avons formulée ?

Nous parlons, bien entendu, d'un consentement libre et éclairé ; il faut que celui qui le donne soit mis en mesure d'en connaître toutes les conséquences.

La doctrine et la Chancellerie s'accordent à reconnaître l'inefficacité du consentement de l'extradé à être jugé sur tous les faits relevés à sa charge.

M. Faustin Hélie écrit en effet : « Il est certain que l'adhésion du prévenu ne peut modifier ni les règles de la compétence, ni l'exécution d'une convention dans laquelle il n'a point été partie. »

La circulaire de 1841 est muette sur la question.

La jurisprudence cependant n'a jamais adopté ce système.

Il a été jugé en ce sens, dit M. Dalloz, que lorsque l'accusé d'un crime de banqueroute frauduleuse et d'un délit d'abus de confiance a été livré aux tribunaux français en vertu d'un acte d'extradition relatif uniquement au crime de banqueroute, l'accusé peut renoncer au bénéfice que cet acte d'extradition fait naître en sa faveur en ce qui touche le délit d'abus de confiance et donner à la Cour d'assises le droit de juger ce délit : « Attendu, porte l'arrêt, que l'accusé dûment interpellé déclare renoncer au bénéfice de l'exception résultant en sa faveur des termes de l'acte d'extradition et consentir à ce qu'il soit par la Cour statué sur celle des réponses du jury qui est affirmative à son égard, en conséquence .. etc. » (1)

Le ministre ordonna que l'accusé condamné pour abus de confiance, mais acquitté sur le chef de banqueroute frauduleuse, sur lequel seul l'extradition avait été accordée, fût reconduit en liberté à la frontière.

Cette mesure n'avait pas en vue l'intérêt de l'accusé, mais seulement le respect du droit du souverain étranger. C'est une question d'Etat à Etat, et non pas de juge à accusé.

---

(1) C. d'ass. Pas-de-Calais, 15 février 1843.

La Chancellerie a persisté dans sa manière de voir, ainsi que cela résulte d'une dépêche du Garde des Sceaux de 1866 (25 novembre) au Procureur Général de Poitiers.

« Le consentement de l'extradé, ajoute M. de Vazelhes, ne suffit pas pour délier le gouvernement de l'obligation expresse ou tacite qu'il a contractée envers le pays requis de ne laisser juger le malfaiteur que pour le fait à raison duquel il a été remis. »

Le gouvernement doit communiquer à ce pays le consentement de l'extradé comme l'exigent le traité franco-bavarois du 20 novembre 1869, art. 9 ; le traité franco-suisse du 12 janvier 1870, art. 8 ; le traité franco-italien du 12 mai 1870, art. 9, et le traité franco-belge de 1874, art. 10.

L'exposé des motifs du traité franco-anglais du 14 août 1876 est muet sur ce point ; les termes de l'article 4 laisseraient même supposer que le consentement de l'extradé à être jugé pour faits non compris dans la convention doit être inefficace.

Comme nous l'avons exposé, cette doctrine est bien rigoureuse et, loin de servir l'extradé, peut souvent se retourner contre lui.

Nous terminerons cette étude en formulant l'espérance que de « cette union des nations associées, pour ainsi dire, contre les malfaiteurs, » et de la pratique régulière et loyale de l'extradition sortiront les plus heureux résultats.

Aux avantages déjà signalés, nous pouvons ajouter celui qui résulterait de l'atténuation sinon de la suppression des graves inconvénients de la détention préventive, qui fait actuellement l'objet des légitimes préoccupations des plus éminents jurisconsultes.

TARBES, IMPRIMERIE ÉMILE CROHARÉ.